JEAN CLAUDE

PASTEUR ET PRÉDICATEUR.

THÈSE

Publiquement soutenue à la Faculté de théologie protestante de Montauban,

EN 1868,

Par Justin-Louis BONNAL, de Collet-de-Dèzes (Lozère),

Bachelier ès lettres,

ASPIRANT AU GRADE DE BACHELIER EN THÉOLOGIE.

TOULOUSE
IMPRIMERIE DE A. CHAUVIN
RUE MIREPOIX, 3.

1868

EMPIRE FRANÇAIS.

Université de France. — Académie de Toulouse.

FACULTÉ DE THÉOLOGIE PROTESTANTE DE MONTAUBAN.

PROFESSEURS.

MM. De FÉLICE, ✳ doyen   Morale et éloquence sacrée.
    NICOLAS, ✳ . . . .   Philosophie.
    SARDINOUX, ✳ . .   Exégèse et critique du Nouv. Testam.
    PÉDÉZERT. . . . .   Littérature grecque et latine.
    BOIS. . . . .   Hébreu et critique de l'Anc. Testam.
    MONOD.. . . . . .   Dogmatique.
    BONIFAS. . . . . .   Histoire ecclésiastique.

EXAMINATEURS.

MM. PÉDÉZERT, président de la soutenance.
    De FÉLICE, ✳.
    MONOD.
    BONIFAS.

La Faculté ne prétend approuver ni désapprouver les opinions particulières du candidat.

JEAN CLAUDE

PASTEUR ET PRÉDICATEUR.

INTRODUCTION.

Le dix-septième siècle, devenu par la grandeur des événements qui le remplissent autant que par la beauté des œuvres de l'esprit, un sujet éternel d'admiration et d'étude pour le philosophe, l'historien, le critique, ouvre encore au chrétien protestant un vaste champ de méditations austères par le spectacle des épreuves, des luttes et des défaillances de notre Eglise réformée.

Aujourd'hui que nous jouissons d'une sécurité et d'un repos, fruit de bien de traverses, nous pouvons jeter un regard en arrière et honorer d'un souvenir l'un de ces tristes et malheureux athlètes du protestantisme, qui, après avoir vaillamment combattu pour la défense de la vérité chrétienne et soutenu non sans gloire le choc d'un illustre adversaire, dut se résigner à la défaite, à la persécution et à l'exil. C'est de Claude qu'il s'agit, comme on le voit; et sans l'étudier particulièrement au point de vue théologique, puisqu'il ne nous a laissé aucun traité de dogmatique complet et que ses opinions, comme celles de la plupart de ses contemporains, ne diffèrent pas de l'orthodoxie de l'époque, nous raconterons sa vie et nous essaierons de donner ensuite une idée de sa prédication. Le pasteur et le prédicateur se confondent en ces temps orageux et troublés où les paroles sont des actes et entraînent de si redoutables conséquences. Si nous connaissons le pasteur, il nous sera facile de comprendre ce que le prédicateur pouvait être.

Nous n'examinerons pas le controversiste dans Claude; car un pareil travail ne pourrait être renfermé dans les limites obligées de cette thèse.

C'est donc de la vie et de la prédication de Claude que nous allons essayer de marquer les principaux traits, pleinement convaincu de l'utilité et de l'intérêt de cette double étude.

PREMIÈRE PARTIE.

Claude pasteur.

Jean Claude naquit à la Sauvetat-du-Dropt, dans l'Agénois, en 1619. Son père, François Claude, pasteur à Montbazillac et à Cours, dans la basse Guyenne, lui donna la première teinture des belles-lettres et l'envoya, pour compléter ses études, à la Faculté de Montauban. Il y étudia la philosophie et la théologie avec Garissoles et Charles. « On commençait déjà, » dit un critique, « de remarquer la subtilité de son esprit, quoique la nature ne l'eût pas avantagé de ces dehors brillants qui souvent parlent pour un orateur sans qu'il ouvre la bouche (1). » Nous avons peu de détails sur ses premières années ; nous savons seulement « qu'étant encore proposant, il prêcha son premier sermon dans la chapelle des seigneurs de Pardaillan, zélés partisans des doctrines réformées. » Consacré en 1645, à l'âge de vingt-six ans, il fut nommé pasteur à La Treine, fief qui appartenait à la maison do Duras, et l'année suivante à Saint-Affrique, où il resta huit ans. Il s'était marié en 1648, à Castres, avec Elisabeth de Malacare, fille d'un avocat au parlement. Sa réputation d'orateur se répandit dans le Languedoc, et l'Eglise de Nîmes le demanda et l'obtint.

Le 3 mai 1656, il fut chargé par le synode d'Uzès d'enseigner la théologie à Nîmes.

En 1661, nous le voyons présider le synode provincial, où « il fut représenté par Noguier, Pujolas et Roure, pasteurs, qu'il circulait le bruit dans la province que les enne-

____

(1) Moréri, *Dictionnaire historique et critique*, article *Claude*.

mis de la religion, pour détruire la vérité évangélique et
pour ruiner le fondement de la liberté concédée par les
édits, travaillaient sous l'influence de la cour et celle du
prince Armand Bourbon de Conti, gouverneur du Languedoc, à corrompre les pasteurs, sous le prétexte pernicieux
de vouloir unir les deux religions et accommoder leurs dif-
férends, comme on avait tenté de le faire trente ans au-
paravant, sous le ministère du cardinal de Richelieu (1). »

Ces pasteurs demandèrent que l'on infligeât une sévère
punition aux coupables ; car il était impossible « d'unir les
ténèbres avec la lumière et Dieu avec Bélial. » Des quatre
pasteurs accusés, un seul était présent : c'était Rosselet,
pasteur à Nîmes. On l'accusa d'avoir dit à de Bourdieu,
pasteur à Montpellier, que deux mille livres étaient promi-
ses à celui qui travaillerait à réconcilier les deux Eglises, et
d'avoir prononcé ces paroles : « Je serai bien aise de verser
mon sang pour ce saint ciment. » Rosselet répondit que
plusieurs personnes haut placées lui avaient parlé de ce projet, mais qu'il le regardait lui-même comme impraticable,
et ne le leur avait pas caché ; en second lieu, que les paroles qu'on lui imputait étaient fausses. Claude, alors, dési-
rant que l'accusé fût jugé impartialement, lui demanda
quels étaient, à son avis, les membres du synode qui
étaient trop ses ennemis pour avoir le droit de voter. Rosselet nomme ses accusateurs, et l'assemblée les exclut aus-
sitôt du vote. Puis, chacun, à son tour, donne son opinion à
haute voix, et le synode prend la décision suivante :
1º Rosselet sera censuré ; 2º à l'avenir, un laïque dont la
probité sera reconnue accompagnera le pasteur qui aura à
s'entretenir avec un personnage d'un rang élevé ; 3º on
écrira à toutes les provinces contre le projet de réunion,
qni ne peut s'exécuter sans « unir les ténèbres avec la lumière et Christ avec Bélial. » Le commissaire royal Peyre-

____

(1) Borrel, *Histoire de l'Eglise réformée de Nîmes*, p. 240 et suiv.

males voulut s'opposer à l'introduction dans le procès-verbal de ces derniers termes, comme trop injurieux ; mais ce fut en vain : l'assemblée, consultée, passa outre. Averti de ce qui venait d'avoir lieu par l'évêque Cohon, Louis XIV réunit le conseil d'Etat, qui condamna le ministre Claude, « comme ayant autorisé la déclaration du synode en sa qualité de modérateur et au préjudice des défenses du commissaire royal, à l'interdiction de ses fonctions pastorales à Nîmes et au bannissement de la province du bas Languedoc, dans l'espace de deux mois, à compter du jour où l'ordonnance lui aurait été signifiée (1). »

Claude se rendit à Paris pour faire lever cette défense, et pendant son séjour dans cette ville, il se livra à une polémique assez longue sur l'Eucharistie avec Arnaud, à la demande de Mme de Turenne, qui voulait retenir son mari, prêt à se convertir au catholicisme. N'ayant pu faire lever l'interdit qui pesait sur lui, Claude partit six mois après pour Montauban, où il prêcha le lendemain de son arrivée.

Jalouse de posséder un bon prédicateur et un controversiste qui avait fait ses preuves, l'Eglise de Montauban se hâta d'accueillir le banni languedocien et de lui offrir une place de pasteur et de professeur. Il accepta, mais son ministère dans cette ville ne devait pas être de longue durée.

En 1666, une nouvelle interdiction le frappa. Elle fut probablement causée par les plaintes de l'évêque Berthier, qui l'accusa « d'avoir fait établir à Montauban quatorze ministres au lieu de six, de marcher dans la rue avec deux ou trois et même quatre ministres, d'aller en carrosse faire son prêche, d'entretenir les huguenots de l'espérance de la guerre entre la France et l'Angleterre, de leur lire les feuilles d'une réponse au livre de M. Arnaud et autres crimes aussi énormes (2). »

(1) *Bulletin historique du protestantisme français*, VI, p. 12.
(2) Haag, *la France protestante*, article *Claude*, note 1, p. 473.

Il revint à Paris pour réclamer contre cette nouvelle interdiction, mais il ne fut pas plus heureux que la première fois. Attaché à l'Eglise de la capitale, il prêcha à Charenton.

Nous voici arrivés à la période la plus active de sa vie. La controverse, les protestations en faveur de ses coreligionnaires, les visites pastorales qu'aucun danger ne pouvait interrompre, la présence aux assemblées consistoriales ou synodales, la prédication, une correspondance d'une prodigieuse étendue se partagent tous ses instants. Suivons-le pas à pas, autant que nous le permettent les documents que nous avons pu nous procurer, dans cette période si bien remplie de dix-neuf années, de 1666 à 1685.

En 1674, il protesta contre l'édit qui excluait des synodes les ministres de fief.

En 1678, Mlle de Duras, sœur des maréchaux de Duras et de Lorges, depuis longtemps décidée à changer de religion, le mit aux prises avec Bossuet, afin de donner un plus grand retentissement à sa conversion. Elle le rencontra chez sa sœur, la comtesse de Roye, et manifesta le désir de l'entendre discuter avec un docteur catholique. Claude refusa d'abord ; mais averti quelques jours après par la comtesse de Roye, gagnée à la cause de sa sœur, que Bossuet désirait un entretien, il se rendit chez elle, le mardi 1er mars 1678, à deux heures de l'après-midi. Bientôt après arrivèrent Mme la maréchale de Lorges, Mlle de Duras, M. le marquis de Miremont et M. Cotton, enfin M. de Condom. La discussion s'engagea sur l'autorité de l'Eglise. Les deux illustres adversaires déployèrent chacun un talent immense pour soutenir la cause qu'ils défendaient. Mais la séance « fut surtout intéressante par deux difficultés, dont l'une embarrassa beaucoup Bossuet, et l'autre le pasteur de Charenton.

— L'Eglise protestante, dit Bossuet, proclame la liberté de conscience et nie l'infaillibilité des conciles ; cependant les synodes nationaux exigent une soumission absolue à leurs décisions dogmatiques et disciplinaires. Ils agissent donc

contre le principe fondamental du protestantisme, et reconnaissent, comme l'Eglise romaine, le principe de l'autorité
en matière de foi. — D'un autre côté, dit Claude à son tour,
c'est par l'autorité de l'Eglise que l'enfant reçoit l'Ecriture
sainte ; c'est d'elle aussi qu'il reçoit le sens de l'interprétation du Livre saint. A quelles marques l'enfant reconnaîtra-
t-il l'Eglise catholique? Il reconnaîtra comme catholique
l'Eglise aux assemblées de laquelle il assiste. Donc, conclut
Claude, un enfant né dans l'Eglise éthiopienne regardera
comme catholique l'Eglise éthiopienne, et il recevra par son
autorité l'interprétation des Ecritures. Il ne pourra jamais se
croire en droit d'examiner les décisions de l'Eglise dont il
est membre, et chacun restera dans sa religion. » C'est sur
ce ton froid et poli que se continua la discussion pendant
cinq heures. Claude se retira après avoir exhorté Mlle de Duras à profiter de ce qui s'était dit ; mais, bientôt après, elle se
convertit au catholicisme. Claude s'aperçut de la faute qu'il
avait commise, et se promit de ne plus se laisser prendre
au même piége. Aussi, en 1680, il se garda de relever le
défi que lui adressa le transfuge Cotterel. En 1681, il renvoie à l'étude de la Bible Mlle d'Illorre, du duché d'Aumale.
En 1685, il refuse de discuter devant la marquise d'Ouquetot, dont le mari était déjà catholique. Mais il ne cesse de
protester contre les édits de plus en plus rigoureux qui sont
rendus contre les réformés en 1681, contre la déclaration
du 17 juin, qui permet aux enfants de se convertir à l'âge
de sept ans, contre la violation des traités, l'abolition des
chambres mi-parties. Il fait preuve de courage et de fermeté
dans des circonstances difficiles. Ainsi, en 1681, apprenant qu'une pauvre femme est inquiétée par deux prêtres
dans les derniers instants de sa vie, il court à son chevet
et la console, sans se soucier des cris de la populace ameutée, qui l'aurait mis en pièces sans l'intervention de la police. En 1678, il préside un Consistoire, quand se présente
l'intendant de l'Ile-de-France, suivi de plusieurs ecclésias-

tiques et de deux notaires ; il vient lire l'adresse de l'assemblée du clergé de France, qui invite les protestants à abjurer leur hérésie. Claude répond que le silence avec lequel le Consistoire a écouté son adresse, qui lui fait tant de peine, prouve combien les protestants sont soumis. Sur ces entrefaites, l'université de Groningue lui offrit la chaire de professeur en théologie ; mais Claude n'abandonnera pas son poste, alors que son troupeau a tant besoin de consolations et d'encouragements ; il redouble d'ardeur et de zèle, jusqu'à ce qu'un décret royal vienne l'arracher à sa patrie.

Avant de frapper un coup décisif contre la Réforme, le projet de réunion est repris. En 1685, un essai définitif a lieu. L'édit de révocation est signé, mais on en diffère l'enregistrement ; il est encore permis aux pasteurs de prêcher le dimanche 22 novembre, et des gardes leur seront donnés pour leur sûreté. Claude soupçonne quelque piége, et avertit les fidèles que le service n'aura pas lieu. On pense que l'archevêque de Paris et l'évêque de Meaux, accompagnés du lieutenant de police, auraient fait irruption dans le temple ; que l'un d'eux serait monté en chaire pour sommer l'assemblée de se réunir à l'Eglise romaine, que des catholiques apostés se seraient mis à crier : « Réunion ! réunion ! » et que les deux évêques auraient donné l'absolution du crime d'hérésie (1). Dans tous les cas, la cour était très-irritée contre Claude. Ce mécontentement se trahit non-seulement dans les lettres de Mme de Maintenon, qui l'appelle *séditieux*, mais dans une dépêche datée de Versailles, 30 juillet 1685, envoyée au procureur général, dans laquelle on lit ces mots : ... « Un des lieutenants civils ayant donné la permission de baptiser un enfant de la R. P. R. (religion prétendue réformée) dans la maison de sa mère, ses parents ont abusé de cette permission et l'ont porté chez le ministre Claude, où il a été baptisé. Sur quoi, le roi m'ordonne de vous écrire,

(1) Haag, *la France protestante*, article *Claude*.

afin qu'il vous plaise examiner si , dans un cas pareil, on *pourrait faire* quelques poursuites contre ledit Claude , et s'il y a lieu de le poursuivre au parlement et d'*espérer* quelque exemple contre lui (1). » Cette haine de la cour contre Claude se manifeste aussi dans la manière tout exceptionnelle dont il fut chassé du royaume. Tandis que les autres pasteurs avaient quinze jours pour quitter la France, il fut obligé de partir brusquement par suite de l'ordre suivant : « De par le roi, il est ordonné à La Guerre, valet de chambre de Sa Majesté, de se transporter incessamment dans la maison du sieur Claude, ci-devant ministre de la religion prétendue réformée, à Charenton, et de lui faire commandement, de la part de Sa Majesté, de sortir de la ville de Paris dans les vingt-quatre heures au plus tard , pour sortir incessamment hors du royaume. A l'effet de quoi La Guerre l'accompagnera jusque sur la frontière par laquelle il désirera de sortir.

» Fait à Fontainebleau, le 21 octobre 1685.

» *Signé*, Louis.

» Et plus bas, Colbert , et scellé du cachet de Sa Majesté (2). »

Claude partit le 22 octobre 1685. A son passage à Cambrai, il reçut la visite du recteur des jésuites, qui lui offrit des rafraîchissements et eut pour lui tous les égards dus au talent et au malheur. Il se réfugia à La Haye, où son fils était pasteur. Il fut parfaitement accueilli par le prince d'Orange, qui lui fit une pension. Ce fut à cette époque qu'il reçut de l'Electeur de Brandebourg l'offre d'une chaire dans l'université de Francfort-sur-l'Oder; mais il la refusa. Il s'occupa de travaux littéraires et prêcha de temps en temps. Il travaillait à l'histoire des princes d'Orange, quand

(1) *Bulletin historique du protestantisme français*, XIII, p. 63 et suiv.
(2) *Id.*, II, p. 477 et suiv.

la mort le surprit. Le jour de Noël 1686, il tomba malade
en descendant de chaire, et mourut le 13 janvier 1687 à
l'âge de soixante-six ans. « De son vivant, » dit un de ses
biographes, « on avait répandu le bruit qu'il avait de-
mandé à l'archevêque de Paris un entretien secret pour
abjurer entre ses mains; bruit absurde que son fils a pris la
peine de combattre dans l'*Histoire des ouvrages des savants,*
novembre, 1689, page 477, note 1, et dans la préface du
tome V de ses œuvres posthumes. Ce qu'il y a de vrai dans
cette fable, c'est que le gouvernement avait ordonné, par
lettre de cachet, à Claude, de se rendre dans une maison de
la rue Saint-Victor pour y conférer avec l'archevêque de
Paris. Mais, sur les observations de Ruvigny, député à cet
effet par le consistoire de Charenton auprès de Colbert, qui
avait signé l'ordre parce qu'on l'avait assuré que M. Claude
voulait changer de religion, le ministre s'empressa de la
retirer (1). »

La vie de Claude, on le voit, fut agitée et bien remplie.
Interdit à deux reprises, obligé de quitter pendant deux
fois le troupeau qu'il dirige, au moment où se forment des
liens réciproques de sympathie et d'estime, à l'heure où son
œuvre commence à porter des fruits, il part le cœur serré
sans doute, mais plein de confiance en Dieu, qui permet
cette séparation, mais qui n'abandonnera pas ses enfants et
fécondera les germes qui ont été semés.

Arrivé dans une autre Eglise, il se remet tout de suite à
l'œuvre avec courage et avec zèle, prêt à la quitter sans
murmure quand le moment sera venu; et lorsque, chassé de
sa patrie, il recevra dans un pays étranger une généreuse
hospitalité, il ne cessera, jusqu'à son dernier soupir, de pen-
ser à cette Eglise de France qu'il aime tant, d'intercéder
pour elle et de vaquer à l'œuvre de son Père céleste.

Nous avons parlé de sa prodigieuse activité. Nous som-

(1) Haag, *op. cit.*

mes étonné, en effet, qu'il ait trouvé assez de temps pour
suffire à tout le travail que lui imposait sa haute position
dans l'Eglise. Non-seulement il fallait répondre aux attaques
des adversaires, ce qu'il faisait si consciencieusement, qu'il
réfutait leurs arguments un à un ; mais il fallait prêcher
souvent, encourager les fidèles soit de vive voix, soit par
écrit, et leur donner des éclaircissements sur toutes les
questions qu'ils lui soumettaient. La variété des sujets qu'il
traite dans sa correspondance, dont il ne nous reste que
des débris, prouve assez combien elle était étendue. Nous
ne possédons, en effet, que quarante-cinq lettres publiées
par son fils, qui, dans la préface du tome V des œuvres
posthumes de Claude, nous annonce que plusieurs se sont
égarées, et que quelques-uns de ceux à qui elles ont été
adressées ne les ont pas communiquées. Les unes sont de
simples lettres d'affaires (1), d'autres sont de vrais traités
dogmatiques (2). Un certain nombre sont des lettres de con-
solation (3), d'autres enfin sont des lettres de conseils (4). ✾

(1) La deuxième, par exemple, où il prie son correspondant de lui
envoyer la lettre de M. Arnaud, et d'ajouter la préface qu'il lui envoie à sa réponse ; la septième, où il le prie de s'assurer de la fidélité
de l'imprimeur, et lui demande des nouvelles de la persécution que
les jésuites font subir à Port-Royal.

(2) Ainsi, dans la première, il explique le verset 28 du chapitre XV
de la première épître aux Corinthiens ; dans la neuvième, il explique
le verset 5 du chapitre IV de l'épître de saint Jacques.

(3) La douzième est adressée à la marquise D. S. H., sur la mort
de son père.

(4) La dix-neuvième, adressée à M. D. B., renferme des conseils
sur l'étude de l'antiquité.

La vingt-neuvième est fort curieuse : elle nous montre de quelles
précautions il fallait s'entourer quand on avait à traiter par lettre une
question délicate. Quelques protestants avaient eu la pensée d'émigrer
en Amérique et de s'établir dans la Caroline ; l'un d'eux demande à
Claude comment ce projet doit être communiqué aux réformés ; celui-ci
lui répond sous la forme allégorique, afin d'être à couvert si la lettre
est interceptée... « Il faut faire savoir indirectement que la *demoiselle*

Claude a composé, en outre, plusieurs traités de théologie et plusieurs ouvrages de controverse (1), qui ont né-

est belle, agréable, d'humeur douce et sociable, etc., et que ses *tuteurs* sont des gens traitables et avec qui l'on peut facilement s'accommoder ; mais de vouloir communiquer la chose à tous les *parents* et *amis*, c'est s'exposer à leur indiscrétion et soulever ceux qui ont intérêt à ne pas vouloir le mariage. Je ne doute pourtant pas que le mariage ne réussisse, à moins qu'il n'y ait empêchement du côté du *tuteur honoraire* de la fille ou de ceux qui la gouvernent ; car, d'un côté, il est certain que la fille est belle et bien faite, et qu'elle a dans la vérité toutes les qualités qu'on lui attribue ; et, de l'autre, il n'est pas moins certain que le père du garçon le contraindra, par mille mauvais traitements qu'il lui fait, à sortir du logis et à songer à s'établir ; mais il faut pour cela du ménagement et attendre que le temps, qui ne tardera à venir, fasse son effet. Il est constant que ce parti, non-seulement est préférable à tout autre, mais qu'il sera actuellement préféré, parce que sa réputation excède de bien loin celle de toutes les autres filles... Ce qu'on nous a dit du *garçon*, qu'il a déjà transporté, de la maison du *père* dans celle de la fille, plusieurs de ses meubles, au nombre de plus de soixante pièces, va plus loin qu'on ne vous l'a dit ; car il y en a à présent plus de deux cents, ce qui a déjà en quelque sorte alarmé le *père*, et est peut-être cause de la défense qu'on a mandée. » On l'a deviné : la demoiselle est la Caroline ; les tuteurs, ce sont les habitants ; le tuteur honoraire, c'est le roi d'Angleterre ; le garçon, les protestants français persécutés ; le père du garçon, le roi de France.

(1) *Traité de Jésus-Christ ; Traité du péché contre le Saint-Esprit ; Traité de la justification ; De lapsu angelorum ; Commentaire sur l'épître de saint Paul aux Romains* (les trois premiers chapitres) ; *De electione et de reprobatione ; De statu innocentiæ primi hominis ; Réponse aux deux traités de Nicole, intitulés la Perpétuité de la foi de l'Eglise catholique touchant l'Eucharistie ; Réponse au père Nouet, jésuite, sur le sujet du saint sacrement de l'Eucharistie ; Réponse au livre de M. Arnaud, intitulé la Perpétuité de la foi de l'Eglise catholique ; Défense de la Réformation contre le livre de Nicole ; Préjugés légitimes contre les calvinistes ; Considérations sur les lettres circulaires de l'assemblée du clergé de France en l'année 1682 ; Réflexions solides sur le monitoire de l'assemblée du clergé, adressé aux protestants, et sur les lettres du roy très-chrestien aux évesques et aux intenduns sur le mesme sujet ; Réponse au livre de M. de Meaux, intitulé Conférence avec M. Claude ; les Plain-*

cessité des recherches approfondies et des voyages fréquents
à Paris. Aussi se sent-il quelquefois fatigué par tant d'occu-
pations réunies, mais il n'est jamais découragé. C'est dans
ce sens qu'il écrit de Montauban : « Il est vrai que nous
sommes engloutis par cet épouvantable travail des semai-
nes; je crois de prêcher avec quelque facilité, mais il est
certain que ce grand nombre d'actions épuise les forces et
rebute l'esprit, l'empêchant de s'engager à d'autre travail. »
Et plus loin : « Quoi qu'il en soit, je ne vois pas bien que
dans l'état où je suis, ayant à servir une Eglise nombreuse
et un peuple qui n'est pas naturellement assez discret pour
savoir ménager le temps de ses ministres, je puisse m'engager à un travail de longue haleine, et à cela je ne sache
point de remède. J'ai de la santé, grâce à Dieu ; j'ai de l'in-
clination à l'étude ; mais, en vérité, il n'est pas possible de
se remuer sous le faix qui nous accable (1). »

Et avec tout cela, Claude montre la plus grande humilité. C'est elle qui lui fait répondre à ceux qui l'encouragent
et le remercient d'avoir répondu au livre de M. Arnaud :
« Au reste, que peut un pauvre provincial, dénué du fond
que la nature peut donner et des grâces que l'art et l'expé-
rience et le commerce du beau monde peuvent acquérir. Je
n'ai que l'amour de la vérité qui m'anime et la prière vers
Dieu qui me soutient (2). »

C'est cette humilité qui le fait presque s'excuser d'avoir
publié son ouvrage : « Je ne sais, » dit-il, « comment il
s'est fait que je me produise contre l'aversion que j'ai eu
toute ma vie pour cela et contre la résolution constante que
j'avais prise de ne m'ériger pas en auteur. Néanmoins, me

tes des protestants cruellement opprimés dans le royaume de France ;
Réponse à un traité de l'Eucharistie attribué à M. Le Camus, évêque de
Grenoble.

(1) Lettres V et VI.
(2) Lettre IV.

voilà déjà sur les rangs; je vous assure que c'est par force. Mme de Turenne et Mlle de la S. en sont la première cause... Vous y avez aussi beaucoup contribué (1). »

Une fois descendu dans l'arène, il y porte un courage indomptable; qu'un obstacle se présente, il le renversera. C'est le sentiment qui lui dicte les paroles suivantes au sujet de la publication manuscrite de sa réponse à Arnaud : « Quoique j'aie été empêché que Mlle de la S. ne donnât cet écrit au public, par des raisons de temps et de l'état où nos affaires ont été, je vois que les choses ont changé de face, et qu'il y aurait du crime maintenant de se retenir par ces principes de prudence. » C'est ce courage qui lui fait affronter une populace en courroux, pour accomplir son devoir; c'est lui qui met dans sa bouche cette réponse si ferme et si digne que nous lui avons vu faire à l'intendant de l'Ile-de-France.

Maintenant étudions Claude sous le rapport de la prédication.

(1) Lettre IV.

DEUXIÈME PARTIE.

Claude prédicateur.

La prédication réformée a parcouru, au dix-septième siècle, deux périodes bien différentes. De didactique qu'elle
était au commencement, elle devient pratique ; elle laisse
de côté les grands problèmes qu'elle étudiait avec acharne-
ment pour se porter au sein même de la religion ; au lieu
de s'élancer au milieu des questions controversées, elle s'occupe de consoler et de sanctifier l'homme ; elle écarte les
discussions et se contente d'exposer la vérité.

On le comprend sans peine : les temps étaient difficiles ;
les protestants s'étaient vus restreindre peu à peu leurs
droits ; leurs prédicateurs ne pouvaient, sans courir risque
d'être interdits, faire la moindre allusion aux doctrines de
la communion rivale. « Les sermons des pasteurs étaient
recueillis par des espions aux gages des jésuites, et s'il s'y
rencontrait quelques termes un peu vifs contre les ensei-
gnements du catholicisme, on citait ces pasteurs devant les
tribunaux sous l'accusation de blasphème (1). » Ils devaient
donc se rejeter sur les croyances particulières de leurs
Eglises et sur la morale. Mais quels étaient les auditoires
auxquels ils s'adressaient ? C'étaient, comme le dit excel-
lemment M. Vinet, « des auditoires de théologiens, quelquefois de martyrs (2). » Forcés de lutter à chaque instant
pour défendre leurs croyances, les protestants de cette épo-

(1) De Félice, *Histoire des protestants de France*, p. 366.
(2) Vinet, *Histoire de la prédication parmi les réformés de France
au dix-septième siècle*, p. 5.

que étaient tous un peu théologiens. Personne ne pouvait rester étranger aux graves questions qui s'agitaient sans cesse ; aussi, ce qui serait incompris ou peu intéressant dans nos chaires, était nécessaire et fort goûté au dix-septième siècle. En outre, l'Eglise réformée ne présentait plus le touchant spectacle de cette union ferme et indissoluble dans une foi commune qui avait fait la grandeur du protestantisme au seizième siècle, lorsque grands et petits, invinciblement attachés aux mêmes croyances, se trouvaient unis pour subir les mêmes épreuves, courir les mêmes dangers et braver la mort sur les mêmes champs de bataille. L'indifférence, qui avait épargné les rangs les plus humbles, avait gagné les chefs naturels du grand parti protestant, ceux dont le nom était un drapeau, les Châtillon, les Sully, les Turenne. Leur apostasie avait affligé l'Eglise, et leur exemple avait trouvé des imitateurs. Ainsi, à côté d'illustres confesseurs qui sacrifiaient leurs biens et leur personne à la cause qui leur était chère, on voyait des renégats qui, par frayeur ou par calcul, abandonnaient la foi de leurs pères. C'étaient sans doute, pour la plupart, « les gens de la lie du peuple, ou des fripons qui trafiquaient périodiquement de leur conscience, ou des malheureux qui prenaient l'argent pour avoir un morceau de pain, sans aucune intention de renoncer à leur culte (1). »

Quoi qu'il en soit, au milieu de ce relâchement général, la chaire protestante devait retentir de paroles d'exhortation, quelquefois même d'une grande dureté, si l'on en juge par cet extrait des sermons de Claude : « Nous sommes intéressés et avares, durs et inflexibles, injustes et violents, fiers et arrogants, sensuels et adonnés à nos plaisirs, envieux, médisants, malins, implacables... C'est sur cela que Dieu nous fait entendre sa voix depuis fort longtemps ; il

(1) De Félice, *op. cit.*

nous exhorte, il nous censure, il nous presse, il nous solli-
cite, il nous châtie, il nous supporte ; et cependant combien sont petits les fruits qu'il a recueillis jusqu'ici de tant
de soins !... Que pouvons-nous donc espérer, ou, pour
mieux dire, que ne devons-nous pas craindre de notre
état, puisque nous sommes sourds à sa parole et aveugles
à ses jugements, également insensibles à sa voix et aux
coups de sa verge (1) ! »

La prédication de Claude occupe une période de qua-
rante années, de 1645 à 1685, époque de la Révocation de
l'édit de Nantes ; néanmoins il a prêché jusqu'à sa mort. Il
ne nous reste qu'un petit nombre de ces discours, probablement à cause du peu de temps que ses nombreuses occu-
pations lui laissaient pour la publication de ses sermons. Et
même nous n'avons pu nous procurer qu'une faible partie
des sermons qui ont été publiés (2). Nous pensons néanmoins en avoir assez lu pour connaître le genre de prédication de notre auteur.

On est frappé d'abord par le plan. Claude ne se contente
pas, comme ses devanciers, de suivre pas à pas le texte : il
le résume dans une ou deux idées qu'il énonce ordinaire-
ment dans son exorde. Ainsi, au commencement du premier
sermon sur la parabole des Noces, il dit : « Elle se divise (la
parabole) en deux parties générales : la première contient
l'histoire de ceux qui avaient été au commencement conviés
aux noces du prince, et la seconde celle de ceux qui y fu-

(1) Deuxième sermon sur la parabole des Noces, p. 78, 79.
(2) Le volume que nous avons sous les yeux (Montauban, 1821)
renferme cinq sermons sur la parabole des Noces et deux autres
discours, l'un sur les fruits de la repentance, l'autre sur la tristesse
du Saint-Esprit. Nous avons, en outre, la copie d'un autre sermon sur
Genèse, XVII, 78, intitulé *Exhortation faite par M. Claude pour ceux
de son Eglise de Paris*. — On a publié aussi un sermon sur Matthieu.
XVI, 18, prononcé le dimanche 15 novembre 1682, et un autre sur
Ecclésiaste, VII, prononcé à La Haye, le 21 novembre 1685.

rent ensuite appelés, sur le refus que les autres firent d'y venir. La première propose quatre grands mystères sous quatre différentes images : la manifestation du Messie sous l'image des noces d'un fils de roi ; la vocation des Juifs sous l'image des conviés qui furent appelés aux noces; la rejection que ces mêmes Juifs firent du Messie, sous l'image du refus que les conviés firent de venir à ces noces; la punition exemplaire de ce peuple sous l'image du châtiment que le roi fit de ces conviés. La seconde partie représente quatre autres mystères, également importants, sous un pareil nombre d'images : la vocation des gentils, car c'est ce que signifie cet envoi des serviteurs pour appeler ceux qui étaient aux carrefours et aux grands chemins; le succès de cette vocation, qui est que le lieu des noces fut rempli de gens qui étaient à table ; le mélange des hypocrites, des mondains et autres pécheurs avec les vrais fidèles dans une même profession extérieure de l'Evangile, — ce qui est représenté par la rencontre que le roi fit d'un homme qui n'avait pas la robe de noces; la punition de ces pécheurs et de ces hypocrites; car le roi dit à ses serviteurs : *Liez-le, pieds et mains, et le jetez dans les ténèbres du dehors.* Et enfin, après tout cela, il y a une conclusion que Jésus-Christ tire de toute sa parabole : *Plusieurs,* dit-il, *sont appelés et peu sont élus.* » Dans le troisième sermon sur la parabole des Noces, il s'exprime ainsi : « Ces paroles se divisent d'elles-mêmes en deux points : le premier contient ce que le roi dit à ses serviteurs, et le second, ce que les serviteurs firent pour exécuter l'ordre qu'ils avaient reçu. L'un est la vocation des gentils, en tant qu'elle a Dieu pour auteur, et l'autre, cette même vocation, en tant qu'elle a été exécutée par les ministres que Dieu avait choisis pour cela. » Dans le cinquième sermon sur la parabole des Noces, il dit : « Pour traiter plus distinctement une si grande matière, nous la diviserons en deux points : le premier sera de la vocation et de l'élection considérée en elles-mêmes, car il faut expliquer ce que c'est. Le second regardera leur étendue, selon les bornes que notre texte leur donne : *Plusieurs sont appelés et peu sont élus.* »

Un autre caractère général de la prédication de Claude, c'est le côté pratique qui domine l'ensemble et qui en fait la partie principale. Aussi laisse-t-il de côté toute question oiseuse, tout ce qui ne se rapporte pas directement au sujet qu'il traite et lui fait mépriser tout ornement. C'est dans ce sens qu'il dit dans son premier discours sur la parabole des Noces : « Je ne m'arrêterai pas à mettre ici en parallèle toutes les conformités qui se peuvent trouver entre une noce et l'Evangile du Sauveur du monde, et beaucoup moins m'appliquerai-je à pousser avec excès cette figure de la noce, pour la convertir en allégorie. Les allégories forcées dégénèrent en jeux d'esprit, qui ont le malheur de ne plaire à personne et n'édifient nullement la conscience (1). »

Mais entrons plus avant dans les détails, et pour avoir une idée claire de sa prédication, analysons un ou deux sermons, le premier et le quatrième sur la parabole des Noces.

Exorde. — Le but de Claude est d'étudier deux images : les noces du fils du roi, la vocation des conviés.

Premier point. — Les noces du fils du roi sont l'image de la manifestation du Messie. Qu'est-ce que le royaume de Dieu ? C'est « l'état sous l'Evangile, la religion chrétienne telle que nous l'avons reçue de Jésus-Christ et de ses apôtres. » C'est dans ce sens que Jésus l'emploie souvent. Cette expression a été puisée dans Daniel ; elle explique très-bien la nature, l'essence et les qualités de l'Evangile ; elle distingue la religion chrétienne des autres religions et réfute les erreurs introduites dans le monde par la vanité humaine.

Réflexion. — Cette expression combat l'idée juive d'un

_____
(1) P. 16.

Messie temporel, celle d'un pouvoir ecclésiastique temporel, celle que l'on peut établir la religion par la violence ; elle combat ceux qui introduisent des cérémonies dans le culte, comme si nous étions sous la loi et non sous la grâce. Le royaume nous est représenté sous la forme d'une noce royale.

Deuxième point. — Les premiers invités sont le peuple juif. Pourquoi ? Etait-il le plus digne ? Non ! Mais alors pourquoi cette préférence de Dieu ? Elle résulte de son bon plaisir. Mais n'est-ce pas injuste ? Non : Dieu ne doit rien à personne. Comment invite-t-il aux noces ? Deux fois il envoie ses serviteurs, c'est-à-dire Moïse et les prophètes d'abord, Jésus et ses disciples ensuite. Les premiers annoncent la venue du Messie, les seconds son arrivée et son existence.

Remarque. — S'ils furent appelés, c'est que Dieu le voulut. Les paroles de Jésus font allusion à ce qui est dit de la Sapience dans le neuvième chapitre des Proverbes : « Il résulte de là que tout ce qui est contenu dans le huitième et neuvième des Proverbes touchant la Sapience, est un oracle qui regarde l'Evangile de Jésus-Christ, et par conséquent que cette Sapience est le Fils de Dieu, le Messie qui devait venir au monde, l'époux de l'Eglise, celui-là même dont il est dit ici que le Père éternel célèbre les noces. »

Application. — De tout ce qui a été dit résultent la divinité de Jésus-Christ, l'amour ineffable de Dieu, sa fidélité inviolable. — Faisons notre devoir et profitons de ce qui nous a été donné : « Ces noces évangéliques seront suivies un jour des noces de la félicité éternelle. »

Dans l'exorde du quatrième sermon sur la parabole des Noces, Claude établit la supériorité de la religion chrétienne sur les autres religions ; toutes admettent que l'homme est pécheur et qu'il est exposé à la colère céleste ; mais elles séparent ces deux éléments, et en agissant ainsi, elles supposent ou que Dieu est négligent, ou qu'il est impitoyable ;

la religion chrétienne, elle seule, réunit les deux idées et dit que si Dieu punit, c'est que l'homme est coupable.

Premier point. — La rencontre, dans la salle du festin, de l'homme qui n'a pas la robe de noces, signifie que les hypocrites sont mêlés aux fidèles. Le roi n'entre pas mû par un sentiment de curiosité, mais il vient dans le but de juger ; le mot *voir* a ce sens. Il entre à trois reprises : 1º Pendant la vie, au moyen de la conscience ; 2º au moment de la mort, qui est suivie d'un premier jugement ; 3º au dernier jour, après lequel le dernier jugement aura lieu ; le premier change avec l'homme, le second est irrévocable, mais il n'est pas universel ; le troisième est irrévocable et universel. La robe de noces est une allusion aux coutumes juives. L'expression *homme* ne signifie pas un homme, mais une espèce d'hommes. Quelle est cette robe ? C'est la foi dont les qualités sont la pureté, la chasteté, la sincérité, la vie, l'efficacité et la perfection. Qui est cet homme ? L'homme peut se trouver dans trois états différents : il peut être ennemi de Dieu, ou enfant désobéissant et rebelle, ou enfant obéissant. Ceux qui se trouvent dans le premier et dans le deuxième cas sont condamnables. Ces hommes sont les hérétiques, les superstitieux, les profanes et les mondains, les demi-convertis, ceux qui se relâchent ou qui se laissent tenter.

Deuxième point. — La punition qui sera infligée aux hypocrites est représentée par l'image de l'homme lié et jeté hors du festin. Les paroles de Jésus signifient que si l'on n'a pas la robe, tout le reste est inutile. Ces paroles sont un reproche ; elles nous montrent qu'il faut unir la sainteté à la pratique des bonnes œuvres. L'homme resta bouche close, ce qui signifie qu'on s'excuse soi-même, mais qu'on ne peut se défendre devant Dieu. Si l'homme ne peut répondre quand Dieu fait l'enquête, que fera-t-il lorsque l'arrêt sera prononcé ? Les serviteurs qui lient l'homme et le jettent dans les ténèbres du dehors ne sont pas les mêmes que les premiers qui ont fait l'invitation : ce sont ou les mauvais anges, ou les moyens généraux dont se sert la Providence. *Liez-le, pieds et mains*, ce qui signifie : les peines sont inévitables; car les pieds marquent la fuite, les mains la résistance. *Dans les ténèbres*, c'est-à-dire en enfer; *du dehors*, c'est-à-dire loin de la présence de Dieu ; *il y aura des pleurs et des grincements de dents*, c'est-à-dire il y aura désespoir et rage. Voilà donc l'arrêt définitif de Dieu bien différent du premier, qui n'était que temporaire. Si l'homme se repent, Dieu lui fait grâce. Mais, dira-t-on, Dieu n'est-il pas inconstant en pardonnant à l'homme qui s'est repenti? — Non ; car la justice n'exclut pas la miséricorde.

Application. — Conservons le ministère de la parole de l'Evangile; tant d'hommes en sont privés ! Nous ne valons pas plus qu'eux ; mais Dieu est miséricordieux à notre égard. N'abusons pas de cette faveur, et souvenons-nous que Dieu entre quelquefois dans la salle du festin. Ne parlons pas de ces deux derniers jugements, mais du premier : combien en trouvera-t-il d'irréprochables? Un bien petit nombre. Vrais fidèles, que vous êtes heureux ! Mais prenez garde! Dieu veuille éclairer les hérétiques, les superstitieux et les profanes. Appel à ceux qui ont fait un pas dans la piété, appel à ceux qui se relâchent, à ceux qui sont tombés. Revenez avec un sincère repentir à Jésus. Le Seigneur veuille nous faire à tous miséricorde.

Ces deux exemples suffisent, nous le pensons, à faire connaître la méthode de Claude. Elle est, on le voit, analytique; mais on s'aperçoit qu'elle tend vers la synthèse. Il procède par voie d'explication, c'est-à-dire qu'il épèle son texte, lève les difficultés de mots ou d'idées, établit la croyance la plus conforme au texte et réfute les erreurs. Au milieu de son explication, il ne perd pas de vue son dernier point; ce n'est pas pour discuter qu'il explique le texte : c'est afin de donner une base solide aux conséquences qu'il tire. L'explication vient après l'analyse de chaque membre du texte. Dans le sermon sur Prov. , XVI, 6, 7, intitulé *les fruits de la repentance*, il donne une grande place à l'application. Il explique son texte et affirme ne pas s'adresser aux profanes, aux hypocrites, mais à ceux qu'il a supposé repentants : « Je ne veux pas parler ici de plusieurs profanes qui sont au milieu de nous, gens qui font profession ouverte de débauche et de libertinage, qui n'ont nul sentiment ni de piété, ni de vertu, ni de véritable honneur ; gens enfin plongés dans le vice, fiers, insensibles aux exhortations de la Parole de Dieu, et si occupés des idées de la vie présente, qu'ils ne sont plus capables de songer à celle qui est à venir... Je ne parle point ni des hypocrites qui sont parmi nous sans être des nôtres, qui n'ont de la piété que des apparences trompeuses, et qui cachent leurs impuretés ou leurs injustices sous un beau masque de dévotion ; ni d'un certain nombre de froids et d'indifférents, qui regardent la religion comme une chose étrangère dont ils ne s'embarrassent pas... L'espérance de la propitiation ne regarde que *ceux qui sont affligés, qui ont l'esprit brisé et qui tremblent à la parole de l'Eternel.* C'est en vous, mes frères, que j'ai supposé la repentance ; mais c'est à votre sujet aussi qu'il me reste du scrupule (1). »

Plus loin, il énumère les calamités de l'Eglise et les vices de son troupeau : « La colère de Dieu ne parut jamais ni si grande ni si inexorable qu'elle a paru contre nous depuis un assez long temps. Nos afflictions s'entassent les unes sur les autres, comme les flots d'une mer irritée ; elles se suivent les unes les autres de si près, qu'à peine avons-nous le loisir de soupirer pour chacune d'elles. Notre ruine ne fut jamais ni si ardemment désirée, ni si hautement demandée, ni attendue avec plus d'espérance. Edom ne cria jamais ni plus vivement ni plus fortement sur la misérable Jérusalem : *Découvrez, découvrez jusqu'à ses fondements.* Avec tout cela,

_____

(1) P. 315, 316.

on ne vit jamais dans nos troupeaux, et en particulier dans celui-ci, tant de vices et tant d'actions scandaleuses que nous en voyons aujourd'hui. Il n'y en eut jamais un si grand nombre de tout ordre et de toute espèce. Nous n'entendons parler que d'injustices et de violences, de querelles et de ressentiments, d'usures et d'oppressions, de fourberies et d'infidélités, d'adultères et de sales intrigues, d'ivrogneries et de dissolutions... Nous ne sommes plus cette *génération élue, cette nation sainte et ce peuple acquis* que nous étions autrefois ; nous ne pouvons plus nous appliquer ce que saint Paul a dit de l'Église : qu'elle est sans tache et sans ride, irrépréhensible et sainte, et que Jésus-Christ s'est donné lui-même pour elle afin de la sanctifier... Vit-on jamais l'ignorance, l'indifférence de religion, le mépris de la Parole de Dieu, les blasphèmes, l'impiété, régner avec plus d'audace qu'aujourd'hui ? Vit-on jamais plus d'orgueil et de vanité dans nos actions, plus de licence et de hardiesse dans nos discours, plus de médisances et de railleries amères dans nos entretiens, plus de jeux, de ris et de divertissements mondains dans nos assemblées de famille, plus de faste et de somptuosité dans nos habits, dans nos équipages et dans nos ameublements !... Nous sommes à deux doigts de notre ruine, et nous vivons pourtant encore dans la dernière corruption et dans la dernière sécurité (1). »

Il demande si, pour réparer tant de désordres, il suffit d'une repentance passagère : « Mais vous, gens de bien, car ce n'est qu'à vous que je parle, serez-vous si endormis qu'on ne puisse encore vous réveiller ? Aurez-vous tellement perdu l'usage de vos yeux que vous ne puissiez voir l'état où nous sommes, et en le voyant dans toute son étendue, vous contenterez-vous d'une médiocre repentance ? Serez-vous satisfaits de quelques mouvements passagers de douleur, de quelques regrets ordinaires, de quelques soupirs échappés ? »

(1) P. 317, 318.

Puis il applique à son auditoire l'explication du texte ;
enfin il le bénit : « Dieu veuille vous redonner aujourd'hui
sa paix et sa faveur, et en vous pardonnant vos péchés,
vous faire bientôt cueillir les fruits de sa réconciliation avec
vous... Dieu veuille affermir pour toujours son alliance avec
ce troupeau, et vous conserver, à vous et à vos enfants,
jusqu'à la fin des siècles, le précieux avantage de sa parole
et de son service... Dieu veuille accompagner de son efficace
céleste la Parole qui vous est prêchée, et vous donner d'en
haut l'accroissement pendant que Paul plantera et qu'Apollos
arrosera, afin que vous puissiez lui rendre abondamment,
tous les jours de votre vie, les fruits que mérite sa culture...
Dieu veuille confirmer sa crainte et son amour dans vos
cœurs, et, en modérant vos passions, éloigner de vous les
occasions de mal faire et vous épargner les tentations...
Dieu vous fasse la grâce d'élever vos enfants dans les senti-
ments de la piété et de la justice, et lui-même veuille
tourner, par son Saint-Esprit, leurs jeunes cœurs à l'obéissance de ses lois et à l'espérance de son royaume, afin que,
faisant leur devoir, vous en ayez de la joie et de la consola-
tion... Dieu veuille enfin bénir chacun de vous dans le travail de sa vocation, et vous départir des biens temporels ce
qu'il jugera lui-même vous être nécessaire pour le repos de
votre vie, et pour achever heureusement votre course en la
communion de Jésus-Christ, son Fils (1). »

La doctrine de Claude est orthodoxe : il ne craint pas de
traiter les questions de théologie les plus délicates et les plus
difficiles, mais c'est toujours avec la plus grande franchise ;
il accepte toutes les conséquences du principe qu'il vient
d'établir. Ainsi, dans le cinquième sermon sur la parabole
des Noces, il admet la prédestination absolue et ajoute :
« Je sais qu'il y a quelques esprits fiers et emportés qui la
trouvent dure ; mais qu'importe qu'ils la trouvent dure ! Ce

(1) P. 334, 335.

ne sera jamais mal fait à nous d'avoir plus de soumission et d'obéissance pour la doctrine de l'Ecriture que de complaisance pour la fierté d'un Arminius ou d'un Molina (1). »

Il a une marche clairement tracée ; chaque phrase, chaque mot va au but. Il enchaîne avec soin toutes les parties de son discours et développe chacune d'elles en regard de la place qu'elle occupe ; il a peu d'imagination, mais quelquefois de la verve et de la chaleur d'âme ; le plus souvent, il a de la justesse et de la force ; il a plus l'éloquence de la raison que l'onction. Un de ses sermons fait seul exception : c'est celui qu'il prononça en quittant son Eglise de Paris. Le moment dans lequel il le prononça était exceptionnel, comme il le dit lui-même dans l'avertissement dont il fait précéder le discours ; il l'appelle « une exhortation faite à la hâte et dans le plus grand trouble de ma douleur. Ce n'est pas une explication régulière du texte ; la douleur ne souffre ni l'art ni la méthode : ce sont les mouvements de mon cœur navré de tristesse et des conseils dont je vous conjure de conserver la mémoire. » Ce sont des cris qui partent du cœur, des mouvements d'une rare éloquence ; l'émotion le fait sortir de ce ton monotone et compassé, froid et retenu, qui lui est habituel, et qui appartient aussi à la plupart des prédicateurs réformés de ce siècle. En voici quelques extraits : « Sacré lieu, honneur de Jacob, murs sacrés fondés sur le sang de Jésus-Christ, cimentés du sang des martyrs, places de ce saint lieu, figures augustes de Dieu, siége et source des divins oracles, demeure du Dieu saint, maison du Dieu vivant, auguste lieu. Qui sera la main sacrilége, la main de la justice divine ? car tout ceci est ce que sa main et son conseil ont déterminé. Malheur sur Jérusalem, disons-nous depuis longtemps ; malheur sur le temple : voici le jour fatal que nous avions prédit... Eglise

(1) P. 193.

du Seigneur, autrefois toute ma joie, aujourd'hui toute ma douleur, pleurez! le sujet est trop juste.

» Oh! plût à Dieu qu'à l'exemple du souverain sacrificateur Jehojada, nous fussions en ce moment employés à renouveler l'alliance entre Dieu et son peuple! Promettez à Dieu de cheminer en ses voies; que la vérité vous sera plus chère que toutes choses, et de lui être fidèles jusqu'à la mort, et je vous jurerai de sa part qu'il sera encore votre Dieu! « Oui, » a dit l'Eternel, « je leur serai Dieu. » Vous le promettez? Vous, cieux, je vous prends à témoin entre ce peuple et son Dieu. De la sorte, Dieu sera toujours votre Dieu, vous serez sans pasteurs, mais vous aurez pour pasteur le grand Pasteur des brebis, que vous irez entendre dans sa Parole. Vous n'aurez plus les serviteurs, mais vous aurez le Maître. Vous ne viendrez plus entendre nos prédications, mais vous irez au sermon du Fils de Dieu, et tirerez les instructions de sa bouche. Vous n'entendrez plus notre parole, mais vous entendrez la voix du Seigneur. Vous n'aurez plus de temples, mais le souverain n'habite point les temples faits de sa main. De tous vos cœurs, bien unis en sa foi, faites-lui une maison sainte qui s'élève pour être un tabernacle de Dieu en esprit. De vos maisons faites des temples; consacrez-les à Dieu par un jeûne solennel, et là rendez-lui soigneusement vos services; surtout que le jour du Seigneur vous soit saint; car ce jour est saint à l'Eternel...

» Fiez-vous en l'Eternel; c'est chose grande que sa fidélité. Et dans ce désastre, nous prierons comme vous; nous sommes toujours vos pasteurs. Oui, le dernier moment de ma vie, qui, dans mon pieux dessein, eût été le dernier de mon ministère parmi vous, sera le dernier de mon amour. Jérusalem, si je t'oublie, que ma droite s'oublie! Sainte famille de mon Père, cher héritage de mon Dieu, sacré troupeau de mon divin Maître, si je ne vous prêche dans ce lieu, je vous rassemblerai dans mon cœur. Si je ne vous bénis de cette chaire, je vous bénirai dans mon cœur; et

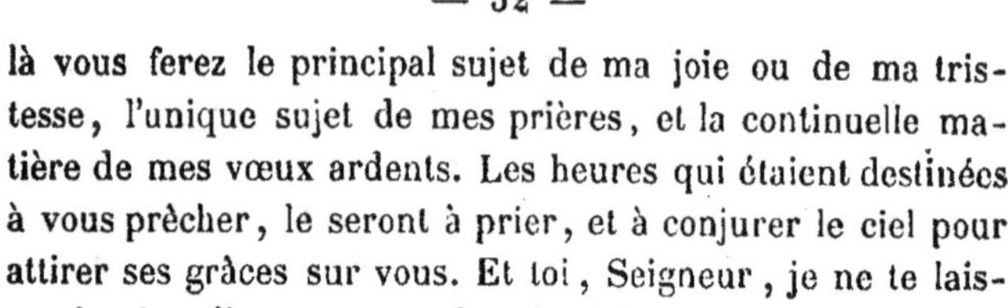

là vous ferez le principal sujet de ma joie ou de ma tristesse, l'unique sujet de mes prières, et la continuelle matière de mes vœux ardents. Les heures qui étaient destinées à vous prêcher, le seront à prier, et à conjurer le ciel pour attirer ses grâces sur vous. Et toi, Seigneur, je ne te laisserai point aller que tu ne les aies bénis. »

Le style de Claude est précis, classique ; il a le goût pur, mais l'horreur de tout faux brillant. Il le dit lui-même dans l'épître dédicatoire de son sermon sur les fruits de la repentance : « Pour ce qui regarde la forme, on n'y trouvera, à la vérité, ni beaucoup de feu, ni beaucoup d'élévation, ni beaucoup de justesse de style, ni peut-être même aucune de ces grâces que le siècle aime ; mais on y trouvera au moins une bonne intention et un caractère de simplicité sans affectation et sans fard, ce qui est, à mon avis, plus propre à persuader que toute la rhétorique du monde. » Tous les critiques sont à peu près unanimes à dire qu'il était excellent improvisateur et parfois éloquent, quoique son style fût peu brillant et sa voix peu agréable. Moréri (1), qu'on ne peut accuser de partialité à l'égard de Claude, dit : « Quoique son extérieur n'eût rien qui imposât, quoique sa voix même fût désagréable, son style peu brillant et peu fleuri, il faut avouer cependant que son éloquence était mâle, vigoureuse, soutenue de raisonnements bien poussés et très-propres à persuader ceux qui étaient dans les mêmes principes que lui. » Bayle (2) trouve que « ses sermons contiennent un grand ordre, une profonde théologie, beaucoup de grandeur et de majesté, une éloquence mâle, un raisonnement solide. » Nicéron (3) s'exprime en ces termes : « La prédication l'occupait moins que

(1) Moréri, *Dictionnaire historique et critique*, article *Claude*.

(2) Bayle, *Dictionnaire historique et critique*, article *Claude*.

(3) Nicéron, *Mémoires pour servir à l'histoire des hommes illustres de la république des Lettres*.

tout autre, parce qu'il prêchait avec une grande facilité ; il
concevait aisément les choses , et les expressions se présen-
taient si bien à lui, qu'on avait de la peine à distinguer ce
qu'il disait par la seule méditation, de ce qu'il avait écrit. Il
est vrai qu'il n'avait pas ces dehors brillants qui en impo-
sent à beaucoup de personnes, ni la voix agréable ; mais ses
sermons renferment un grand ordre, une éloquence mâle
et beaucoup de grandeur et de majesté, quoique le style en
fût simple et peu fleuri. » On lit ailleurs (1) : « Il prêchait
avec une grande facilité ; il avait une éloquence mâle, un
raisonnement solide, quelquefois subtil ; son style est simple et peu fleuri ; sa voix n'avait rien d'agréable, ce qui,
lorsqu'il fut question de l'attacher au Consistoire de Charenton, fit dire à Morus : « Il aura toutes les voix pour lui, hor-
mis la sienne. » Haag, dans la *France protestante*, dit :
« Comme prédicateur, Claude possédait une facilité d'im-
provisation singulière qui ne nuisait nullement au dévelop-
pement méthodique de son argumentation. Son éloquence
était mâle, pleine de grandeur et de majesté, et il aurait,
on peut le dire, exercé un empire irrésistible sur son auditoire, si la nature l'avait doué de ces dehors imposants, de
cet organe harmonieux qui séduisent toujours la multitude
et font souvent la moitié du succès de l'orateur. » Enfin ,
M. le professeur Nicolas, dans l'article qu'il consacre à
Claude, dans la *Nouvelle biographie générale*, publiée par
Firmin Didot frères, Paris, 1854, dit de Claude : « Il n'était
pas moins remarquable comme prédicateur. Doué d'une
grande facilité de parole, il improvisait d'ordinaire ses discours , et cependant sa diction était vive et serrée. »

Cette étude serait incomplète si nous ne disions pas un
mot de son *Traité de la composition d'un sermon*. L'ouvrage
est divisé en dix chapitres : le premier traite de la con-

___

(1) *Biographie universelle ancienne et moderne*, *rédigée par une
société de gens de lettres et de savants*. Paris, 1813.

nexion (liaison du texte avec le contexte) ; le second, de la division ; le troisième, de la tractation ; le quatrième, des règles générales de la prédication ; le cinquième, des textes que l'on doit traiter par voie d'explication ; le sixième, de ceux que l'on doit traiter par voie d'observation ; le septième, de ceux que l'on peut traiter par voie d'application perpétuelle ; le huitième, de ceux qui peuvent se traiter par voie de proposition ; le neuvième, de l'exorde ; le dixième , de la conclusion. Claude s'occupe plus de la structure du sermon que du sermon lui-même ; il le considère plutôt sous le rapport de l'art, que d'après le but qu'il doit atteindre. Son traité n'est guère qu'un recueil de plans de sermons et d'analyses de textes ; mais il entre dans des détails infinis. Ainsi, dans le chapitre VI , il donne à l'invention vingt-sept sources ; mais aussi d'autres parties sont bien restreintes. Tandis qu'il consacre trois cent trente pages au corps du discours, il n'en donne que quatre à l'application. Nous le trouvons ici en contradiction avec lui-même ; car nous avons vu que, dans ses sermons, il accordait à cette partie une place importante et considérable. Ces réserves faites, l'ouvrage renferme d'excellents conseils ; le chapitre IX est sans contredit le meilleur du traité.

Nous sommes arrivé à la fin de notre tâche ; nous ne prétendons pas avoir épuisé la question. Heureux si nous sommes parvenus au but que nous voulions atteindre : de rappeler au souvenir de notre Eglise l'un des pasteurs les plus éminents du dix-septième siècle et de caractériser sa prédication. Puisse la contemplation de cette noble figure nous remplir d'une sainte émulation !

THÈSES.

I. L'unité dogmatique absolue n'a jamais existé; elle est impossible et ne sera toujours qu'un idéal.

II. Le christianisme est éminemment social.

III. La prédication chrétienne ne devrait pas rester étrangère aux grandes questions morales et sociales qui s'agitent de nos jours.

IV. Dans l'inspiration, l'élément divin ne détruit pas l'élément humain; donc, la théopneustie plénière ne nous paraît pas être soutenable.

V. L'autorité canonique de la deuxième épître de saint Pierre est contestable.

Le Président de la soutenance,

J. PEDÉZERT.

Montauban, le 26 mars 1868.

Vu par le Doyen,

G. DE FÉLICE.

Vu et permis d'imprimer :

Le Recteur,

ROUSTAN.